Roy Publicae

Trump Rede

Roy Publicae

Trump Rede

vom 02.12.2020

Dictus Publishing

Imprint

Cover image: www.ingimage.com

Publisher:
Dictus Publishing
is a trademark of
International Book Market Service Ltd., member of OmniScriptum Publishing Group
17 Meldrum Street, Beau Bassin 71504, Mauritius
Printed at: see last page
ISBN: 978-613-7-35537-4

Inhaltsverzeichnis:

I. Rede[1]:

Donnerstag, 3. Dezember 2020

Trump Rede vom 02.12.2020: "Dies ist vielleicht die wichtigste Rede, die ich je gehalten habe...."[2]

Transkript:

Ich danke Ihnen.

Dies ist vielleicht die wichtigste Rede, die ich je gehalten habe.

---

[1] Vgl. https://global-change.blogspot.com/2020/12/trump-rede-vom-02122020-dies-ist.html

[2] Vgl. im Original Trump. Die wohl bisher wichtigste Rede seiner Laufbahn. https://www.facebook.com/153080620724/posts/10165908467175725/

Ich möchte ein Update über unsere laufenden Bemühungen geben, die enormen Wahlbetrug und Unregelmäßigkeiten aufzudecken, die während der lächerlich langen Wahlen vom 3. November stattgefunden haben.

Früher hatten wir das, was man als Wahltag bezeichnete. Jetzt haben wir Wahltage, -wochen und -monate.

Und während dieser lächerlichen Zeitspanne sind viele schlimme Dinge passiert, vor allem, wenn man fast nichts beweisen muss, um unser größtes Privileg, das Wahlrecht, auszuüben.

Als Präsident habe ich keine höhere Pflicht, als die Gesetze und die Verfassung der Vereinigten Staaten zu verteidigen. Deshalb bin ich entschlossen, unser Wahlsystem zu schützen, das jetzt unter koordinierten Angriffen und Belagerungen steht.

Im Vorfeld der Präsidentschaftswahlen wurden wir monatelang gewarnt, dass wir keinen vorzeitigen Sieg verkünden sollten. Immer wieder wurde uns gesagt, dass es Wochen, wenn nicht Monate dauern würde, um den Sieger zu ermitteln, die Stimmzettel der Abwesenden auszuzählen und die Ergebnisse zu überprüfen. Meinem Gegner wurde gesagt, er solle sich von der Wahl fernhalten. "Machen Sie keinen Wahlkampf." "Wir brauchen Sie nicht." "Wir machen das schon." "Diese Wahl ist erledigt."

Tatsächlich verhielten sie sich, als wüssten sie bereits, wie das Ergebnis aussehen würde. Sie hatten es im Griff, und vielleicht wussten sie es auch. Zu unserem großen Bedauern für unser Land war das alles sehr, sehr merkwürdig.

Innerhalb weniger Tage nach der Wahl wurden wir Zeugen eines orchestrierten Versuchs, einen Sieger zu salben.

Noch während der Auszählung vieler Schlüsselstaaten.

Der Verfassungsprozess muss weitergehen dürfen. Wir werden die Ehrlichkeit der Abstimmung verteidigen, indem wir sicherstellen, dass jeder legale Stimmzettel ausgezählt wird und dass keine illegalen Stimmen ausgezählt werden.

Hier geht es nicht nur darum, die Stimmen von 74 Millionen Amerikanern zu achten, die für mich gestimmt haben.

Es geht darum, sicherzustellen, dass die Amerikaner Vertrauen in diese Wahl und in alle zukünftigen Wahlen haben können.

Heute werde ich auf einige der schockierenden Unregelmäßigkeiten, Missbräuche und Betrügereien eingehen, die in den letzten Wochen aufgedeckt wurden, aber bevor ich nur einen kleinen Teil der Beweise, die wir aufgedeckt haben, darlege - und wir haben so viele Beweise - möchte ich das korrupte Briefwahlsystem erklären, das die Demokraten systematisch einführten und das es ermöglichte, die Stimmabgabe zu ändern, insbesondere in den Swing-Staaten, die sie gewinnen mussten.

Sie wussten nur nicht, dass es so hart werden würde, weil wir in jedem Swing-Staat um so viel, viel mehr geführt haben, als sie es je für möglich gehalten hätten. Es ist schon lange bekannt, dass die politische Maschinerie der Demokraten von Detroit bis Philadelphia, von Milwaukee bis Atlanta und an so vielen anderen Orten in Wahlbetrug verwickelt ist. Was sich in diesem Jahr änderte, war der unerbittliche Drang der Demokratischen Partei, Dutzende Millionen von Stimmzetteln an unbekannte Empfänger zu drucken und zu verschicken, die praktisch ohne jegliche Sicherheitsvorkehrungen verschickt werden. Dies ermöglichte Betrug und Missbrauch in einem noch nie dagewesenen Ausmaß.

Unter dem Vorwand der Pandemie änderten Politiker und Richter der Demokraten die Wahlverfahren nur Monate, in einigen Fällen sogar Wochen vor der Wahl am 3. November drastisch.

Sehr selten wurden Gesetzgeber einbezogen, und verfassungsrechtlich mussten sie einbezogen werden, aber sehr, sehr selten, und Sie werden sehen, dass es verfassungsrechtlich, absolut falsch ist, was geschehen ist, selbst aus rechtlicher Sicht, wenn wir weiter Klage einreichen.

Viele Bundesstaaten wie Nevada und Kalifornien schickten Millionen von Live-Stimmzetteln an jede Person auf ihren Wählerlisten, unabhängig davon, ob diese Personen um Stimmzettel gebeten hatten oder nicht, ob sie tot oder lebendig waren, sie bekamen Stimmzettel. Andere Bundesstaaten wie Minnesota, Michigan und Wisconsin führten mitten im Wahljahr die allgemeine Briefwahl ein und schickten allen Wählern aller Listen Formulare zur Beantragung von Briefwahlen. Dabei spielte es keine Rolle, wer sie waren. Diese kolossale Ausweitung der Briefwahl öffnete die Schleusen für massiven Betrug. Es ist eine weithin bekannte Tatsache, dass die Wählerlisten vollgepackt sind mit Menschen, die nicht rechtmäßig wahlberechtigt sind, einschließlich derer, die verstorben sind, aus ihrem Staat weggezogen sind, und sogar mit unseren Nichtbürgern unseres Landes.

Darüber hinaus sind die Aufzeichnungen von Fehlern, falschen Adressen, doppelten Einträgen und vielen anderen Problemen durchsetzt. Dies wird nicht bestritten. Es ist nie umstritten gewesen. Dutzende von Landkreisen in den wichtigsten Swing-Staaten haben mehr registrierte Wähler auf den Rollen als Bürger im Wahlalter, darunter 67 Landkreise in Michigan. All dieses ist ein Beweis. In Wisconsin konnte der Wahlausschuss des Bundesstaates Wisconsin den Wohnsitz von mehr als 100.000 Menschen nicht bestätigen, weigerte sich aber wiederholt, diese Namen vor der Wahl aus den Wählerlisten zu streichen. Sie wussten warum, niemand sonst wusste es. Ich wusste, warum. Sie waren illegale Wähler. Es ist eine Farce, dass wir im Jahr 2020 keine Möglichkeit haben, die Wählbarkeit derjenigen zu überprüfen, die bei einer so wichtigen Wahl ihre Stimme abgegeben haben, oder festzustellen, wer sie sind, ob sie im Staat leben oder ob sie überhaupt amerikanische Staatsbürger sind. Wir haben keine Ahnung.

Wir haben in allen Swing-Staaten größere Verstöße oder regelrechten Betrug, der zahlen- oder stimmenmäßig weitaus größer ist, als wir für die Umkehrung der Ergebnisse eines Staates benötigen. Mit anderen Worten, in Wisconsin zum Beispiel, wo wir in der Wahlnacht weit vorne lagen, haben wir am Ende auf wundersame Weise 20.000 Stimmen verloren. Ich kann Ihnen hier zeigen, dass wir in Wisconsin mit großem Vorsprung führen, und dann, um 3:42 Uhr morgens, gab es diesen, einen massiver Stimmenabwurf, hauptsächlich für Biden, fast ausschließlich für Biden. Bis zum heutigen Tag versuchen alle herauszufinden: "Woher kam es?" Aber ich bin von einem großen Vorsprung zu einem kleinen Rückstand übergegangen, und genau das ist hier der Fall. Das ist um 3.42 Uhr morgens, das ist Wisconsin, eine schreckliche Sache, eine schreckliche, schreckliche Sache.

Aber wir werden weit mehr haben, ein Vielfaches der 20.000 Stimmen, die zum Kippen des Staates erforderlich sind. Wenn wir mit dem Betrug Recht haben, kann Joe Biden nicht Präsident werden. Wir sprechen hier von Hunderttausenden von Stimmen. Wir sprechen von Zahlen, wie sie noch niemand zuvor gesehen hat. Nur als Beispiel: In bestimmten Staaten werden wir um, sagen wir, 7.000 Stimmen zurückliegen, aber wir werden später auf 20.000, 50.000, 100.00, 200.000 Diskrepanzen oder betrügerische Stimmen stoßen, und dazu gehören auch Stimmen, die durchgegangen sind, als sie von den republikanischen Wahlbeobachtern nicht gesehen werden konnten, weil die Wahlbeobachter aus dem Gebäude ausgesperrt wurden. Oder Menschen, die am 3. November unschuldig zur Abstimmung kamen, die alle aufgeregt über ihre Stimme waren, sie waren glücklich. Sie waren stolz darauf, Bürger der Vereinigten Staaten von Amerika zu sein, und sie gingen nach oben und sagten: "Ich möchte wählen". Es wurde ihnen gesagt, dass sie nicht wählen können. "Es tut mir leid", sagte man ihnen, "Es tut mir leid. Sie haben bereits per Briefwahl abgestimmt. Herzlichen Glückwunsch. Wir haben einen Stimmzettel erhalten, so dass Sie nicht mehr abstimmen können."

Sie wussten nicht, was sie tun sollten. Sie hatten niemanden, bei dem sie sich beschweren konnten, die meisten gingen einfach und sagten: "Das ist seltsam. Aber viele Leute beschwerten sich und klagten heftig, und in vielen Fällen füllten sie einen provisorischen Stimmzettel aus, der fast nie benutzt wurde, aber in praktisch jedem Fall eine Stimme für Trump war. Mit anderen Worten, sie gingen zur Wahl und es wurde ihnen gesagt, dass sie gewählt hätten, aber sie haben nicht gewählt. Sie gingen, und sie fühlten Entsetzen und verloren den Respekt vor unserem System. Dies geschah zehntausende Male im ganzen Land. So verzweifelt waren die Demokraten. Sie füllten Stimmzettel von Leuten aus, von denen sie nicht einmal wussten, ob diese Leute auftauchen würden. Als sie auftauchten, sagten sie: "Tut mir leid, Sie haben schon gewählt."

Zu allem Überfluss haben wir ein Unternehmen, das sehr verdächtig ist. Ihr Name ist Dominion, mit dem Drehen einer Wählscheibe oder dem Wechsel eines Chips könnte man einen Knopf für Trump drücken, und die Abstimmung geht an Biden. Was für ein System ist das? Wir müssen zu Papier kommen, vielleicht dauert es länger.

Aber das einzige sichere System ist Papier. Nicht diese Systeme, die niemand versteht, und in vielen Fällen auch nicht die Leute, die sie betreiben. Obwohl sie sie meiner Meinung nach leider viel zu gut verstehen.

In einem Bezirk in Michigan, in dem beispielsweise Dominion-Systeme verwendet wurden, stellten sie fest, dass fast 6.000 Stimmen fälschlicherweise von Trump auf Biden umgestellt worden waren, und dies ist nur die Spitze des Eisbergs. Das ist, was wir festgestellt haben. Wie viele haben wir nicht erwischt? Gibt es 100 weitere Beispiele im ganzen Land? Gibt es 1000e? Wir hatten einfach Glück und sie nannten es einen Glitch, aber wir fanden an diesem Abend zahlreiche Glitches. 96% der politischen Spenden des Unternehmens gingen an die Demokraten, was nicht überrascht. Und ehrlich gesagt, wenn man sich ansieht, wer das Unternehmen leitet, wer das Sagen hat, wem es gehört, was wir nicht wissen, wo werden dann die Stimmen gezählt? Von denen wir glauben, dass sie im Ausland, nicht in den Vereinigten Staaten, gezählt werden, ist Dominion eine Katastrophe. Die Wahlbehörden in Texas haben wiederholt die Einrichtung von Dominion-Systemen blockiert, weil sie sich Sorgen über Sicherheitslücken und die Möglichkeit von Fehlern und offenem Betrug machten. Jeder Distrikt, der Dominion-Systeme einsetzt, muss sorgfältig überwacht und sorgfältig untersucht werden - aber nicht nur für die Zukunft. Im Moment machen wir uns Sorgen über die Gegenwart und darüber, was mit einer Wahl geschehen ist, die wir ohne Frage gewonnen haben. Unter meiner Führung gewannen die Republikaner fast jedes Parlamentsgebäude in den Vereinigten Staaten, was von ihnen nicht erwartet wurde. Wir sind auf 16 Sitze in diesem Haus gestiegen. Die Zahlen werden noch immer tabellarisch aufgelistet, denn es gibt neun Sitze, die niemand wirklich kennt. Sie wissen es nicht. Zwei Wochen später wird das immer noch erwogen, weil es ein Chaos ist. Die Republikaner sollten eigentlich viele Sitze verlieren, und stattdessen haben sie diese Sitze im Haus gewonnen, und eine sehr wichtige Wahl, die vor uns liegt, wird darüber entscheiden, ob wir den Senat halten oder nicht.

David Perdue und Kelly Leffler sind zwei großartige Menschen.

Leider wenden sie in Georgia dasselbe schreckliche Dominion System an, und man bedenke, dass bereits Hunderttausende von Briefwahlen beantragt wurden. Sehen Sie nach, wer diese Stimmzettel beantragt. Der Unterschied ist, dass es ein einziger Staat ist, und wir werden unsere Augen darauf richten, wie noch nie zuvor jemand etwas beobachtet hat, denn wir müssen diese beiden Sitze im Senat gewinnen. Der ungeheure Erfolg, den wir im Repräsentantenhaus hatten, und der ungeheure Erfolg, den wir bisher im Senat hatten, ein unerwarteter Erfolg im ganzen Land und genau hier in Washington.

Es ist statistisch unmöglich, dass die Person, ich, die die Anklage geführt hat, verloren hat. Die größten Meinungsforscher, die wirklichen Meinungsforscher, nicht diejenigen, die uns in Wisconsin 17 Punkte abgezogen hatten, als wir tatsächlich gewannen, oder diejenigen, die uns in Florida vier oder fünf Punkte abgezogen hatten, und wir gewannen mit vielen Punkten, oder hatten uns sogar, und in Texas, und wir gewannen mit vielen Punkten, nicht diese Meinungsforscher, sondern wirkliche Meinungsforscher.

Meinungsforscher, die fair und ehrlich sind, sagten: "Wir können so etwas nicht verstehen. So etwas ist noch nie zuvor passiert. Sie haben das Land zum Sieg geführt, und Sie waren der einzige, der verloren hat. Das ist nicht möglich."

Der Sprecher des Repräsentantenhauses eines bestimmten Staates sagte: "Sir, ich hatte erwartet, meinen Sitz zu verlieren, und stattdessen hatten wir wegen Ihnen, wegen dieser unglaublichen Ladung und wegen all dieser Kundgebungen einen gewaltigen Sieg, und jeder weiß das. Sie sind viel populärer als ich, Sir, außer dass ich viel mehr Stimmen erhalten habe als Sie, und es ist unmöglich, dass das passiert ist. Da stimmt etwas nicht." Ich sage Ihnen, was los ist: Wahlbetrug. Hier ist ein Beispiel. Wir sind in Michigan. Um 6.31 Uhr morgens kam unerwartet ein Stimmen-Dump von 149.772 Stimmen herein. Wir gewannen mit großem Vorsprung. Dieses Los wurde mit Entsetzen aufgenommen.

Niemand weiß etwas darüber. Übrigens, da ist Ihre Linie. Dies ist eine von vielen. Hier ist das, was normal ist, und plötzlich, sehen Sie sich das an. Das ist normal, normal. Schauen Sie auch hier, normal, und dann, bumm, auf einmal gewinne ich nicht mehr viel, sondern verliere ein enges Rennen. Das ist korrupt. Detroit ist korrupt. Ich habe eine Menge Freunde in Detroit. Sie wissen es, aber Detroit ist total korrupt. Sehen Sie sich das an, sehen Sie sich das an. Das ist um 6:31 Uhr morgens, es kam unerwartet herein. Bei der jüngsten Nachzählung in Georgia, die nichts bedeutet, weil sie die Unterschriften nicht prüfen wollen, und wenn man die Unterschriften in Georgia nicht prüfen will, funktioniert es nicht, aber wir haben einen Minister und einen Gouverneur, die es sehr schwierig gemacht haben, Unterschriften zu prüfen.

Warum? Das müssen Sie sie fragen, aber ohne Unterschriftenvergleich oder eine Kontrolle spielt das keine Rolle. Sie fanden Tausende und Abertausende von Stimmen, die aus dem Gleichgewicht gerieten, alle gegen mich. Das war während einer Nachzählung, die ich nicht einmal für wichtig hielt. Sie fanden viele

Tausende von Stimmen, und diese Nachzählung spielte keine Rolle. Was zählt, ist die, die jetzt stattfindet, dass sie aufgrund der Tatsache, dass es so knapp ist, per Gesetz noch einmal nachzählen mussten, aber die Nachzählung muss eine Nachzählung sein, bei der sie die Unterschriften prüfen. Ansonsten überprüfen sie nur die gleiche unehrliche Sache. Das wird keine Rolle spielen. In diesem Fall sind nur die Unterschriften auf den Umschlägen relevant. Wir werden die Unterschrift auf dem Umschlag mit den Unterschriften vergangener Wahlen vergleichen, und wir werden feststellen, dass viele Tausende von Menschen diese Stimmzettel illegal unterschrieben haben. Die Demokraten hatten diese Wahl von Anfang an gefälscht. Sie benutzten die Pandemie, die manchmal als China-Virus bezeichnet wird, wo sie ihren Ursprung hat, als Vorwand, um Dutzende Millionen Stimmzettel zu verschicken, was letztlich zu einem großen Teil zu dem Betrug führte, einem Betrug, den die ganze Welt beobachtet, und niemand ist im Moment glücklicher als China.

Viele Menschen erhielten zwei, drei und vier Stimmzettel. Sie wurden zu Tausenden an Tote geschickt. Tatsächlich füllten die Toten, und wir haben viele Beispiele dafür, Stimmzettel aus, stellten Anträge und stimmten dann ab, was noch schlimmer ist. Mit anderen Worten: Tote durchliefen einen Prozess. Einige sind seit 25 Jahren tot. Millionen von Stimmen wurden allein in den Swing-Staaten illegal abgegeben, und wenn das der Fall ist, müssen die Ergebnisse der einzelnen Swing-Staaten aufgehoben und sofort gekippt werden. Manche Leute sagen, das sei zu weit hergeholt, das sei zu hart. Bedeutet das, dass wir einen Präzedenzfall schaffen und gerade einen Präsidenten gewählt haben, bei dem die Stimmen gefälscht waren?

Nein, es bedeutet, dass Sie die Wahl abgeben müssen, und jeder weiß, ohne viel weiter zu gehen, und sie haben die Beweise gesehen, aber sie wollen nicht darüber reden, was für eine Katastrophe diese Wahl war, eine totale Katastrophe, aber wir werden es zeigen, und hoffentlich werden insbesondere die Gerichte, der Oberste Gerichtshof der Vereinigten Staaten, es sehen, und respektvoll, hoffentlich werden sie tun, was für unser Land richtig ist, denn unser Land kann mit dieser Art von Wahl nicht leben. Wir könnten sagen, lasst uns zur nächsten Wahl übergehen, aber nein, wir müssen auch unsere Vergangenheit betrachten. Das können wir nicht zulassen.

Vielleicht werden Sie eine Wiederwahl haben, aber ich glaube nicht, dass das angemessen ist. Wenn diese Abstimmungen korrupt sind, wenn sie irregulär sind, wenn sie erwischt werden, werden sie abgebrochen, und ich gewinne sehr leicht. In allen Staaten gewinne ich sehr leicht, die Swing-Staaten, so wie ich sie um 10 Uhr abends, am Abend der Wahl, gewonnen habe. Wir sind nicht darauf aus, Ihnen 25 fehlerhafte oder betrügerische Stimmen zu zeigen, die nichts bedeuten, weil sie den Staat nicht umstürzen, oder fünfzig oder hundert. Wir zeigen Ihnen Hunderttausende, weit mehr als wir brauchen, weit mehr als die Marge, weit mehr als das Gesetz verlangt. Wir können viele Male zeigen, was notwendig ist, um den Staat zu gewinnen.

Die Medien wissen das, aber sie wollen nicht darüber berichten. Sie weigern sich sogar regelrecht, darüber zu berichten, weil sie das Ergebnis kennen, wenn sie es tun. Selbst das, was ich jetzt sage, wird erniedrigt und verunglimpft werden, aber das ist in Ordnung. Ich mache einfach weiter, weil ich 74 Millionen Menschen vertrete, und eigentlich vertrete ich auch all die Menschen, die nicht für mich gestimmt haben. Der Wahlbetrug per Post ist der jüngste Teil ihrer vierjährigen Bemühungen, die Ergebnisse der Wahl 2016 zu kippen, und es war wie ein Leben in der Hölle. Unsere Gegner haben immer wieder und immer wieder bewiesen, dass sie alles sagen und tun werden, um wieder an die Macht zu kommen.

Die korrupten Kräfte, die tote Wähler registrieren und Wahlurnen stopfen, sind die gleichen Leute, die einen falschen und betrügerischen Schwindel nach dem anderen begangen haben. Sie haben es jetzt seit vier Jahren beobachtet. Diese tief verwurzelten Interessen stehen unserer Bewegung entgegen, weil wir Amerika an die erste Stelle setzen. Sie stellen Amerika nicht an die erste Stelle, und wir geben die Macht an Sie, das amerikanische Volk, zurück.

Sie wollen nicht Amerika an die erste Stelle setzen, sie wollen nur Macht für sich selbst. Sie wollen Geld verdienen, deshalb wollen sie mich nicht als Ihren Präsidenten. Gegen mich wurde schon kurz nach der Bekanntgabe meiner Kandidatur für das Präsidentenamt ermittelt. Als ich sofort auf Platz eins der republikanischen Vorwahlen ging, hörten die Untersuchungen nie auf. Sie dauerten vier Jahre lang an, und ich habe sie alle gewonnen, ich habe sie alle geschlagen. Russland – Russland - Russland, der Amtsenthebungsbetrug und so viel mehr. Robert Mueller gab 48 Millionen Dollar an Steuergeldern aus, um zweieinhalb Jahre lang gegen mich zu ermitteln, stellte über 2.800 Vorladungen aus, führte fast 500 Durchsuchungsbefehle aus, erließ 230 Anordnungen für Kommunikationsaufzeichnungen und führte 500 Zeugenbefragungen durch, die alle darauf abzielten, mich zu Fall zu bringen. Am Ende gab es keine Absprachen, überhaupt keine. Senator Marco Rubio, der Vorsitzende des Geheimdienstausschusses des Senats, erklärte: "Der Ausschuss fand keine Beweise dafür, dass der damalige Kandidat Donald Trump oder sein Wahlkampf mit der russischen Regierung konspiriert hat. Und ich danke Senator Rubio für diese Erklärung.

Nun höre ich, dass dieselben Leute, die mich in Washington nicht erreichen konnten, alle Informationen nach New York geschickt haben, damit sie versuchen können, mich dorthin zu bringen. Es ist alles wiederholt worden, immer und immer wieder. Für 48 Millionen Dollar geht man die Steuererklärungen durch, man geht alles durch. Die Generalstaatsanwältin von New York, die vor kurzem für das Amt kandidierte, führte, ohne mich zu kennen, eine Kampagne durch und erklärte: "Wir werden uns mit den Strafverfolgungsbehörden und anderen Generalstaatsanwälten im ganzen Land zusammenschließen, um diesen Präsidenten seines Amtes zu entheben. Ich bin ihr nie begegnet. Es ist wichtig, dass jeder versteht", sagte sie, "dass die Tage von Donald Trump zu Ende gehen". Und alles, was es gewesen ist, ist eine große Untersuchung in Washington und New York und an jedem anderen Ort, der untersuchen kann, weil es das ist, was sie tun wollen. Sie wollen nicht mich, sondern uns zu Fall bringen. Deswegen können wir das niemals zulassen. Alles wurde untersucht. Ein Freund von mir, der sehr klug ist, sagte: "Sie haben wahrscheinlich mehr gesehen als jeder andere. Gegen Sie wurde wahrscheinlich mehr ermittelt als gegen irgendjemanden sonst. Und dass Sie mit einem sauberen Gesundheitszeugnis herauskommen, macht Sie wahrscheinlich zur saubersten Person in diesem Land.

Einige Leute in dieser Regierung, aber glücklicherweise sind nicht alle niedergemacht und verunglimpft worden. Sie sind einfach verschwunden. Niemand weiß, was mit ihnen geschehen ist. Warum sind sie nicht aktiv? Warum sind sie nicht beteiligt? Es gibt so viel, in das man involviert sein kann. Die Korruption ist so weit verbreitet. Sie konnten es einfach nicht mehr ertragen. Sie wurden von den Demokraten mit Amtsenthebung bedroht, und es wurden schreckliche Dinge über sie gesagt. Und sie sind gute Menschen. Noch vor kurzem wurde die Leiterin der GSA so gejagt und schikaniert, wie noch nie zuvor, berichtet sie. Was soll ich dazu sagen? Wir haben Comey kalt erwischt, wir haben McCabe kalt erwischt. Wir haben sie alle erwischt. Wir warten immer noch auf den Bericht eines Mannes namens Durham, mit dem ich nie gesprochen habe und den ich nie getroffen habe. Sie können vor der Wahl auf mich losgehen, so viel sie wollen, aber leider wollte Herr Durham nicht auf diese Leute losgehen oder vor der Wahl irgendetwas damit zu tun haben. Wer weiß also, ob er jemals einen Bericht verfassen wird.

Wenn man sich die Lügen, die Leaks und die illegalen Verhaltensweisen so vieler Menschen und ihren Wunsch, dem Präsidenten der Vereinigten Staaten zu schaden, anschaut, dann sollte etwas geschehen. Das Schwierigste, was ich tun muss, ist zu erklären, warum mit all diesen Menschen, die beim Ausspionieren meiner Kampagne erwischt wurden, nichts geschieht. Das ist noch nie zuvor passiert und es sollte einem Präsidenten der Vereinigten Staaten nie wieder passieren. Alles, was Sie tun müssen, ist, die Anhörungen zu beobachten und sich selbst davon zu überzeugen. Die Beweise sind überwältigend. Der Betrug, den wir in den letzten Wochen gesammelt haben, ist überwältigend und hat mit unserer Wahl zu tun. Jeder sagt: "Wow, die Beweise sind überwältigend", wenn er sie sich anschaut. Aber eigentlich ist es zu spät, um den Verlauf einer Wahl zu ändern. Es ist zu spät, das Ergebnis zu ändern.

Tatsächlich bleibt noch viel Zeit, um den richtigen Wahlsieger zu bestätigen, und dafür kämpfen wir. Aber egal, wann es passiert, wenn sie Betrug sehen, wenn sie falsche Stimmen sehen und wenn diese Stimmen weit mehr als erforderlich sind, darf man sich die Wahl nicht von einer anderen Person stehlen lassen. Überall im Land halten die Menschen gemeinsam Schilder hoch: "Stoppt den Diebstahl". Um zu verstehen, wie wir gegen diesen Betrug vorgehen wollen, ist es wichtig, die Probleme mit der Briefwahl zu kennen. Pennsylvania, Michigan, Nevada, Georgia, Arizona und die meisten anderen Staaten erlaubten es jedem, einen Briefwahlschein zu bekommen und seine Stimme abzugeben, ohne einen Ausweis vorzuzeigen. Die Abstimmung fand ausschließlich nach dem Ehrensystem statt, es war keinerlei Ausweis erforderlich.

Die meisten Amerikaner wären auch schockiert, wenn sie erfahren würden, dass kein Staat des Landes die US-Staatsbürgerschaft als Bedingung für die Teilnahme an Bundeswahlen überprüft. Dies ist eine nationale Schande. Kein anderes fortgeschrittenes Land führt Wahlen auf diese Weise durch. Viele europäische Länder haben große Beschränkungen für die Briefwahl eingeführt, insbesondere weil sie das nahezu unbegrenzte Potenzial für Betrug erkennen. Von 42 europäischen Ländern verbieten bis auf zwei Ausnahmen alle bis auf zwei die Briefwahl für Personen, die innerhalb des Landes wohnen, oder sie verlangen von denjenigen, die Briefwahlen benötigen, einen sehr, sehr aussagekräftigen Ausweis.

Während der gesamten Bemühungen der Demokraten, die Briefwahl dramatisch auszuweiten, arbeiteten die Parteiführer der Demokraten auch fieberhaft daran, Maßnahmen zu blockieren, die vor Betrug schützen sollten, wie z.B. die Überprüfung der Unterschrift, die Überprüfung des Wohnsitzes oder den Wählerausweis. Und an eine Bestätigung der Staatsbürgerschaft war fast nicht zu denken, diese zu verlangen. Können Sie das glauben? Das sind nicht die Handlungen von Menschen, die faire Wahlen wollen. Das sind die Taten von Menschen, die Wahlen stehlen wollen, die bereit sind, Betrug zu begehen. Der einzige denkbare Grund, warum man Maßnahmen nach gesundem Menschenverstand blockieren würde, um die legale Wählbarkeit zu überprüfen, ist, dass man versucht, Betrug zu fördern, zu ermöglichen, zu begünstigen oder zu betreiben.

Für die Amerikaner ist es wichtig zu verstehen, dass diese destruktiven Änderungen unserer Wahlgesetze keine notwendige Reaktion auf die Pandemie waren. Die Pandemie gab den Demokraten lediglich einen Vorwand, das zu tun, was sie seit vielen, vielen Jahren zu tun versuchen. Tatsächlich war der allererste Gesetzesentwurf, den die Hausdemokraten einführten, als Nancy Pelosi Sprecherin wurde, der Versuch, die allgemeine Briefwahl vorzuschreiben und Maßnahmen wie die Wähleridentifikation, die so notwendig ist, abzuschaffen. Die dramatische Aushöhlung der Integrität unserer Wahlen hatte für die Demokraten aus einem einfachen Grund oberste Priorität: Sie wollten die Präsidentschaftswahlen 2020 stehlen. Alle Bemühungen der Demokraten, die Briefwahl auszuweiten, legten den Grundstein für den systematischen und allgegenwärtigen Wahlbetrug, der sich bei dieser Wahl ereignete.

In Pennsylvania wurden große Mengen von Briefwahl- und Briefwahlscheinen illegal verarbeitet. Und zwar im Geheimen, in Philadelphia, in den Bezirken Allegheny, ohne dass unsere Beobachter anwesend waren. Sie durften nicht anwesend sein. Tatsächlich durften sie nicht einmal im selben Raum anwesend sein. Man warf sie aus dem Gebäude hinaus, und sie blickten von außen nach innen, aber sie hatten keine Möglichkeit, überhaupt etwas zu sehen, weil es keine Fenster gab. Und die Fenster, die es gab, waren mit Brettern vernagelt. Die Demokraten gingen sogar zum Obersten Gerichtshof von Pennsylvania, um Beobachtern den Zugang zu verwehren. Es gibt nur einen möglichen Grund dafür, dass sich die korrupte politische Maschinerie der Demokraten der Transparenz bei der Stimmenauszählung widersetzte. Der Grund dafür ist, dass sie wissen, dass sie illegale Aktivitäten verbergen. Es ist ganz einfach.

Dies ist ein ungeheuerlicher, unentschuldbarer Zustand. Und ein irreversibler Schaden, der die gesamte Wahl in Mitleidenschaft zieht, doch diese beispiellose Praxis des Ausschlusses unserer

Beobachter, unserer Wahlbeobachter, wie manche sie nennen, trat in den von den Demokraten geführten Städten und Schlüsselstaaten des ganzen Landes auf. Hier sind nur einige der zusätzlichen Fakten, die wir aufgedeckt haben. Viele Wähler in ganz Pennsylvania erhielten zwei Stimmzettel per Post, und viele andere erhielten Stimmzettel per Post, für die sie sich nie beworben hatten. So viele erhalten Stimmzettel, dass sie nicht einmal wussten, wofür sie waren. Und noch einmal, so viele erhielten mehr als einen Stimmzettel. In manchen Fällen mehr als zwei Stimmzettel. Und sie waren zufällig zum größten Teil Demokraten.

In Fayette County, Pennsylvania, erhielten mehrere Wähler Stimmzettel, die bereits ausgefüllt waren. Sie wussten nicht, was passiert war. In Montgomery County, Pennsylvania, hörte ein Wahlbeobachter, wie nicht registrierten Wählern gesagt wurde, sie sollten später zurückkehren und versuchen, unter einem anderen Namen zu wählen. Zehntausende von Wählern in ganz Pennsylvania wurden unterschiedlich behandelt, je nachdem, ob sie Republikaner oder Demokraten waren. Wähler, die in einigen

Bezirken der Demokraten Stimmzettel eingereicht hatten, wurden benachrichtigt und gebeten, ihre Stimmzettel zu korrigieren, während republikanische Bezirke und insbesondere republikanische Wähler nicht benachrichtigt wurden, was eindeutig gegen die Gleichbehandlungsklausel der Verfassung der Vereinigten Staaten verstößt: "Wenn Sie Demokrat sind, werden wir Ihren Stimmzettel korrigieren. stellen Sie sicher, dass er perfekt ist. Wenn Sie Republikaner sind, sprechen Sie nicht einmal darüber."

In Michigan trainierte ein berufstätiger Angestellter der Stadt Detroit zusammen mit den Arbeitern der Stadt die Wähler, damit sie gerade die Demokraten wählen konnten, während er sie begleitete, um zu beobachten, wen sie wählten, was einen Verstoß gegen das Gesetz und die Unantastbarkeit der geheimen Abstimmung darstellte. Das können Sie nicht tun. Dieselben Arbeiter sagen, dass sie angewiesen wurde, keinen Ausweis zu verlangen und nicht zu versuchen, irgendwelche Unterschriften zu bestätigen. Sie wurde auch angewiesen, Stimmzettel, viele, viele Stimmzettel, die nach Ablauf der Frist eingegangen sind, unrechtmäßig zurückzudatieren.

Das ist etwas so Verfassungswidriges, und sie schätzt, dass Tausende und Abertausende von Wahlzetteln von ihr und vielen anderen unzulässigerweise rückdatiert wurden.

Andere Zeugen in Detroit sahen auch, wie unsere Wahlbeamten Stapel derselben Stimmzettel viele Male zählten und auch illegal Stimmzettel duplizierten. Ein Beobachter sagte aus, Kisten und Schachteln mit Stimmzetteln gesehen zu haben, die alle die gleiche Unterschrift trugen. Ein anderer Beobachter in Detroit sagte unter Eid aus, er habe unzählige und gültige Stimmzettel gesehen, die nicht ordnungsgemäß registrierten Wählern gehörten, und dann sah er, wie Wahlhelfer in Wayne County gefälschte Geburtsdaten in das System eingaben, um sie illegal auszuzählen. Wissenschaftliche Zeugen legten eine eidesstattliche Erklärung ab, d.h. mit anderen Worten, man kommt ins Gefängnis, wenn man lügt und aussagt. SIe sagten aus, dass, nachdem die Wahlbeamten bekannt gegeben hatten, dass die letzten Abwesenheitsstimmen eingegangen waren, ein Stapel von Zehntausenden von Stimmzetteln ankam, viele davon ohne Umschlag, die alle für die Demokraten stimmten.

In Wisconsin wurde eine Rekordzahl von Wählern als unbegrenzt wahlberechtigt eingestuft. Ein Status, der schwerbehinderten Personen, auch älteren Menschen, vorbehalten ist und ihnen erlaubt, ohne Ausweis zu wählen. Im vergangenen Jahr beanspruchten landesweit etwa 70.000 Menschen diesen Status. In diesem Jahr lag die Zahl wie durch ein Wunder bei fast 250.000 Wählern, nachdem Wahlbeamte in Milwaukee und Dane County, einigen der korruptesten politischen Orte unseres Landes, die Bürger aufforderten, sich unrechtmäßig unter diesem Status registrieren zu lassen. Und sie registrierten sich in Stufen, die es nicht gibt. In Wisconsin gibt es etwa 70.000 Briefwahlzettel, für die es keine übereinstimmenden Stimmzettelanträge gibt, wie es in Georgia gesetzlich vorgeschrieben ist; neun Beobachter haben ausgesagt, dass sie unzählige irreguläre Stimmzettel ohne...

Bezeugte, unzählige unregelmäßige Stimmzettel ohne die Knicke oder typischen Markierungen gesehen zu haben, die darauf hinweisen, dass die Stimmzettel nicht wie gewünscht in Umschlägen ankamen. Eine Wahlbeobachterin im Bezirk Fulton schätzte, dass etwa 98% der großen Zahl ungewöhnlich unberührter Stimmzettel, deren Zeuge sie war, für Biden waren. Höchst ungewöhnliche Zahl. Darüber hinaus wurden in den Bezirken Floyd, Fayette und Walton Wochen nach der Wahl Tausende von nicht gezählten Stimmzetteln entdeckt, und diese Stimmzettel stammten zumeist von Trump-Wählern. Sie wurden nicht ausgezählt. Sie stammten von Trump-Wählern.

In Detroit sahen alle den gewaltigen Konflikt und die schreckliche Art und Weise, wie die beiden republikanischen Wahlhelfer so schrecklich behandelt wurden, weil sie nicht wählen wollten, als sie sahen, dass 71% der Bezirke nicht ausgeglichen waren. Außerdem gab es mehr Stimmen als Wähler. Stellen Sie sich das vor. Sie hatten mehr Stimmen, als Sie Wähler hatten. Das ist leicht zu errechnen, und zwar zu Tausenden. In Arizona wurde den persönlich anwesenden Wählern, deren Ausgewogenheit Fehlermeldungen in den Tabelliermaschinen produzierte, gesagt, sie sollten einen Knopf drücken, der dazu führte, dass ihre Stimmen nicht gezählt wurden. Ebenfalls in Arizona gab der

Generalstaatsanwalt bekannt, dass Briefwahlzettel aus Briefkästen gestohlen und unter einem Stein versteckt worden waren.

In Clark County, Nevada, wo die meisten Wähler des Bundesstaates ansässig sind, wurden die Standards für den Abgleich einer Unterschrift mit dem Unterschriftenprüfgerät absichtlich gesenkt, um die Auszählung einer großen Anzahl von Stimmzetteln zu ermöglichen, die sonst nie die Musterung bestanden hätten. Diese Maschine wurde auf die niedrigste Stufe gestellt. Einem Bericht zufolge gaben neun Wähler in Clark County Stimmzettel mit absichtlich falschen Unterschriften ab, um das Verfahren zu testen, und acht der neun Stimmzettel wurden angenommen und ausgezählt. Sie sagten, Sie könnten Ihren Namen als Santa Claus unterschreiben, und er würde akzeptiert werden. Letzte Woche warf die Clark-County-Kommission die Ergebnisse einer Kommunalwahl aus, nachdem der Standesbeamte berichtet hatte, er habe "Unstimmigkeiten festgestellt, die wir nicht erklären können". Ebenfalls in Nevada nahmen einige Wähler an einer Verlosung von mehr als einem Dutzend Geschenkkarten im Wert von bis zu 250 Dollar teil, wenn sie nachweisen konnten, dass sie gewählt hatten.

Dies geschah in Indianerreservaten. Eines der wichtigsten Anzeichen für weit verbreiteten Betrug ist die außerordentlich niedrige Ablehnungsrate bei Briefwahlsendungen in vielen Schlüsselstaaten. Dies sind die Staaten, die ich gewinnen musste. In einem Swing-Staat nach dem anderen war die Zahl der abgelehnten Stimmzettel dramatisch niedriger, als nach den bisherigen Erfahrungen zu erwarten gewesen wäre. Das bedeutet Jahre und Jahre der Abstimmung. In Georgia wurden nur 0,2 %, also wesentlich weniger als 1 %, der Briefwahlscheine abgelehnt. Mit anderen Worten, fast keiner wurde abgelehnt. Sie nahmen alles. Es wurde praktisch nichts abgelehnt, verglichen mit 6,4 % im Jahr 2016. Es gibt diejenigen, die meinen, dass 6,4 eine niedrige Zahl war.

Denken Sie darüber nach. Fast keine wurden abgelehnt. Bei der letzten Wahl wurden 6,4% abgelehnt. Wir haben ähnliche Rückgänge in Pennsylvania, Nevada und Michigan erlebt. Stimmzettel wurden nicht abgelehnt, vor allem nicht, wenn sie zufällig in Gebieten der Demokraten stattfanden. Diese Unregelmäßigkeiten sind unerklärlich, es sei denn, es wird absichtlich versucht, nicht wählbare Stimmzettel oder gefälschte Stimmzettel zu akzeptieren.

In Pennsylvania haben der Minister und der Oberste Staatsgerichtshof die Anforderungen an die Unterschriftenprüfung im Wesentlichen nur wenige Wochen vor der Wahl abgeschafft, was einen Verstoß gegen staatliches Recht darstellt. Das ist nicht erlaubt. Es muss von der Legislative genehmigt werden. Ein Richter kann das nicht tun. Ein Staat kann es nicht tun. Ein Beamter kann es nicht tun. Der Einzige, der es tun darf, ist die Legislative.

Der Grund dafür ist klar. Sie haben die Unterschriften nicht überprüft, weil sie wissen, dass die Stimmzettel nicht von den Wählern ausgefüllt wurden, in deren Namen sie abgegeben wurden. Mit anderen Worten, sie wurden von Leuten ausgefüllt, die nichts mit den Namen auf dem Stimmzettel zu tun hatten. Eine einfache Nachzählung der Stimmzettel unter diesen Umständen verschlimmert den Betrug nur noch. Die einzige Möglichkeit, festzustellen, ob es eine ehrliche Abstimmung gegeben hat, besteht darin, eine vollständige Überprüfung der Umschläge in den betreffenden Staaten durchzuführen. Sie werden feststellen, dass viele von ihnen, Zehntausende, gefälschte Unterschriften haben. Eine vollständige forensische Prüfung ist erforderlich, um sicherzustellen, dass nur legale Stimmzettel von rechtmäßig registrierten Wählern, die ordnungsgemäß abgegeben wurden, in die endgültige Auszählung aufgenommen werden.

Bei dieser Wahl geht es um großen Wahlbetrug, einen Betrug, den es in dieser Form noch nie gegeben hat. Es geht um Wahlbeobachter, die nicht zuschauen durften. So illegal. Es geht um

Stimmzettel, die eingeworfen wurden, und niemand außer ein paar wenigen wusste, woher sie kamen. Sie wurden ausgezählt, und sie waren nicht für mich. Es geht um großen Vorsprung in der Wahlnacht, gewaltigen Vorsprung, Vorsprung , bei dem mir zu einem entscheidenden leichten Sieg gratuliert wurde. Plötzlich, am Morgen oder ein paar Tage später, verflüchtigten sich diese Hinweise rasch. Es geht um Zahlen von Stimmzetteln, die verschickt wurden, von denen niemand weiß, woher sie kamen. Es geht um Maschinen, die defekt waren, Maschinen, die an bestimmten Stellen des Abends angehalten wurden, um wie durch ein Wunder mit mehr Stimmen zu weiterzumachen.

Es ging um viele andere Dinge, aber vor allem ging es um Betrug. Diese Wahl war gefälscht. Das weiß jeder. Es macht mir nichts aus, wenn ich eine Wahl verliere, aber ich möchte eine Wahl fair und ehrlich verlieren. Was ich nicht will, ist, dass sie dem amerikanischen Volk gestohlen wird. Dafür kämpfen wir. Wir haben keine andere Wahl, als das zu tun. Wir haben bereits den Beweis. Wir haben bereits die Beweise, und sie sind sehr eindeutig. Viele

Menschen in den Medien und sogar Richter haben sich bisher geweigert, sie zu akzeptieren. Sie wissen, dass es wahr ist. Sie wissen, dass es da ist. Sie wissen, wer die Wahl gewonnen hat, aber sie weigern sich zu sagen: "Sie haben Recht." Unser Land braucht jemanden, der sagt: "Sie haben Recht."

Letztendlich bin ich bereit, jedes genaue Wahlergebnis zu akzeptieren, und ich hoffe, dass Joe Biden das auch tut. Den Beweis dafür haben wir bereits. Wir haben bereits Zehntausende von Stimmzetteln mehr, als wir brauchen, um all diese Staaten, von denen wir sprechen, zu stürzen. Dies ist eine Wahl für das höchste Amt im großartigsten Land der Weltgeschichte. Jeder vernünftige Amerikaner sollte auf der Grundlage dessen, was wir bereits dokumentiert haben, zustimmen können, dass wir eine systematische Analyse der Briefwahlzettel brauchen, um die Umschläge zu überprüfen. Es geht um die Unterschrift. Wenn sie sich auf den Umschlägen befinden, können wir einfach die Umschläge überprüfen, und das wird uns alles sagen.

Dies ist das absolute Minimum, das wir erwarten sollten. Es geht hier nicht nur um meine Kampagne, obwohl es viel damit zu tun hat, wer Ihr nächster Präsident wird. Es geht darum, den Glauben und das Vertrauen in die amerikanischen Wahlen wiederherzustellen. Es geht um unsere Demokratie und die heiligen Rechte, für die Generationen von Amerikanern gekämpft haben, für die sie geblutet haben und für deren Sicherung sie gestorben sind. Nichts ist dringlicher oder wichtiger. Die einzigen Stimmzettel, die bei dieser Wahl zählen sollten, sind diejenigen, die von wahlberechtigten Wählern abgegeben werden, die Bürger unseres Landes und Einwohner der Staaten sind, in denen sie gewählt haben, und die ihre Stimmzettel vor Ablauf der gesetzlichen Frist rechtmäßig abgegeben haben.

Darüber hinaus darf es nie wieder eine Wahl geben, bei der es kein zuverlässiges und transparentes System zur Überprüfung der Wählbarkeit, Identität und des Wohnsitzes jeder einzelnen Person gibt, die einen Wahlzettel abgibt, einen sehr, sehr geschätzten Wahlzettel. Viele sehr kluge Leute haben mir zu allem gratuliert, was wir erreicht haben: die größten Steuersenkungen in der Geschichte, Kürzungen bei den Verordnungen, die größten in der Geschichte. Wir haben unser Militär wieder aufgebaut. Wir haben uns um unsere Tierärzte gekümmert wie nie zuvor, um die Space Force und um so vieles mehr. Dann fuhren sie fort: So groß und wichtig diese Ereignisse auch waren, die größte Errungenschaft Ihrer Präsidentschaft wird genau das sein, was Sie jetzt gerade tun: Wählerintegrität für unsere Nation. Sie ist wichtiger als alle Dinge, die wir besprochen haben.

Wenn wir den Betrug, den gewaltigen und schrecklichen Betrug, der bei unseren Wahlen im Jahr 2020 stattgefunden hat, nicht aufdecken, dann haben wir kein Land mehr. Mit der Entschlossenheit und Unterstützung des amerikanischen Volkes werden wir die Ehrlichkeit und Integrität unserer Wahlen wiederherstellen. Wir werden das Vertrauen in unser Regierungssystem wiederherstellen. Ich danke Ihnen. Gott segne Sie. Gott segne Amerika.

II. Kommentare[3]:

1.

Malus 3. Dezember 2020 um 01:33

Großartig!!!! Respekt!

Antworten

[3] Vgl. https://global-change.blogspot.com/2020/12/trump-rede-vom-02122020-dies-ist.html

2.

ARONAG3. Dezember 2020 um 01:54

PCRtest-empfänger-impfung-black goo-upgrade-obelisk sender- akut bleifolie+432hz(+u[e]bernatürliche notwendig) - HCQ+ZINK (woher?) - Venflon legen-INFUSION DESINFEKTION (woher?) - VIT C+D...? Jmmanuel Senanda 89 (heilige Zahl)..? I ch stehe zu Diensten, sowahr mir Gott der allmächtige schöpfer des Himmels und der Erde, helfe!

Antworten

Antworten

1.

Maria3. Dezember 2020 um 07:35

Sri gegrusst, Aroma Was bedeutet PCR Test Emofanger impfung?432 und bleifolie , was ist HCQ, was just venflon, konntest du nich daś alles in Detail erklaren?Fort segne dich.

2.

ARONAG3. Dezember 2020 um 11:35

Recherchiere selber, die Antwort auf deine Frage musst selber suchen, erst dann fühlst du es...

Antworten

3.

ARONAG3. Dezember 2020 um 01:57

Bin ein depp am PC... . Ich kämpe für die Liebe im Menschen, immer schon! Und nichts kann das ändern, NICHTS!!

Antworten

Antworten

1.

Maria3. Dezember 2020 um 07:37

Wót sind schön 2

Antworten

4.

ARONAG3. Dezember 2020 um 02:18

NACHTRAG!! Akutp[h]ase: Kälte!!

Antworten

5.

Patriot3. Dezember 2020 um 06:37

Hoffentlich glaubt das Volk Trump und stellt sich geschlossen hinter ihn.
Ich drücke Mr. Trump die Daumen und hoffe das[s] dieser gigantische Betrug auffliegt

Antworten

6.

Unknown3. Dezember 2020 um 08:48

"Wir haben uns um unsere Tierärzte gekümmert wie nie zuvor"

Echt jetzt? Veterans = Tierärzte??

Antworten

7.

teleskop3. Dezember 2020 um 09:36

Klar, grossartig! Was letztlich wichtig ist, ins richtige Licht gerückt!

Antworten

8.

Unknown3. Dezember 2020 um 09:54

Es gibt nur einen Praesidenten und das ist Mr Trump.

Antworten

9.

Unknown3. Dezember 2020 um 13:09

Trump ist und bleibt Präsident.

die [W]ahrheit siegt.

WWG1WGA

Q - 17 - 45

Antworten

10.

Unknown3. Dezember 2020 um 15:07

Es werden sich zur gegebenen Zeit viele Menschen bei Donald Trump entschuldigen und Abbitte leisten müssen. Ich wünsche ihm viel Kraft, Schutz und Beistand, doch vor allem wünsche ich ihm, dass er in seiner Position als Präsident neu bestätigt wird.

Antworten

11.

Unknown3. Dezember 2020 um 19:43

Schade das[s] ich kein Amerikaner bin, meine Stimme hat Der Herr Tramp und so denken Millionen von Menschen Ich hoffe alles wird gut, ich Kämpfe auch weiter, bitte gebt nie auf.

" Wir schaffen das "

Antworten

Antworten

1.

Walhalla3. Dezember 2020 um 21:08

...da hat sich die falsche Schlange selbst in den Schwanz gebissen. Danke Unknown, Galgenhumor mit der feinen Klinge der Rechtsschaffenheit. WIR SCHAFFEN ES, wirklich Frau/ Mann/ ES Merkel

Antworten

12.

Walhalla3. Dezember 2020 um 21:00

No, Herr Donald Trump, ...ihre wichtigste Rede, wird erst kommen! ....WIR HABEN GEWONNEN!! ....Standingovations. und das vom HERZEN.

Antworten

13.

Walhalla3. Dezember 2020 um 21:01

.......ALLEr MENSCHEN........

Antworten

14.

Meister Eder3. Dezember 2020 um 21:07

https://correctiv.org/faktencheck/hintergrund/2020/11/06/diese-falschen-und-irrefuehrenden-behauptungen-zur-us-wahl-kursieren-in-deutschland/

Antworten

15.

Meister Eder3. Dezember 2020 um 21:07

https://correctiv.org/faktencheck/hintergrund/2020/11/06/diese-falschen-und-irrefuehrenden-behauptungen-zur-us-wahl-kursieren-in-deutschland/

Antworten

16.

Walhalla3. Dezember 2020 um 21:17

Herr Trump, ich wünsche Ihnen (so wie 9/11) die unausweichliche, Welle der Menschen, die auf stehen werden und sie werden klatschen und sie werden erst aufhören zu klatschen, wenn SIE und IHR TEAM es beenden. Ich verneige mich. Das alles Aushalten zu müssen, spiegelt meine 46 Jahre auf diesen Planeten wieder. Thank YOU!!!.....vor Freude

Antworten

Printed by Books on Demand GmbH, Norderstedt / Germany